W0193773

Natascha Battus

Angstfrei!

Weitere Titel der Autorin
Versöhnt mit mir!

Über die Autorin:

Natascha Battus ist Coach, Autorin und ZRM®-Trainerin (Zürcher Ressourcen Modell). Ihr Fokus liegt auf Embodiment, der Beziehung zwischen Körper und Psyche. Sie gibt Seminare zu Burnout-Prävention und Resilienz und inspiriert Menschen darin, ihre Selbstwirksamkeit zu entfalten. Mehr unter www.battus.de.

Natascha Battus

Angstfrei!

5 Minuten gegen innere Unruhe, Angst und Panik

lübbe life

Inhalt

1. Meinem Körper vertrauen:
   Er kennt die Wege aus der Angst — 7

2. Meinen inneren Alarm beruhigen:
   Mit dem Vagusnerv im Fluss — 15

3. Meine Gefühlsbilanz:
   Kopf und Bauch in Einklang bringen — 33

4. Meine Schüchternheit überwinden:
   Anderen begegnen — 43

5. Mich bei innerem Gewitter schützen:
   Mein großer Notfallschirm — 59

6. Meine Blockaden lösen und aufblühen:
   Aus der Enge in meine Freiheit wachsen — 79

Noch eine Bemerkung zum Schluss — 90

Danke! — 92

Wenn du deine Angst bekämpfst, wird sie nur lauter, denn du hinderst sie daran, dich zu beschützen. Sie ist wie ein aufgebrachter Vogel mit gebrochenem Flügel. Nimm sie behutsam zu dir, päpple sie auf, und lass sie fliegen. Dann weist sie dir deinen Weg.

1

Meinem Körper vertrauen:
Er kennt die Wege
aus der Angst

Du schaust gebannt deine Lieblingsserie und hältst deinen Atem an. Das Paar, das schon seit der ersten Folge flirtet, setzt zum lang ersehnten Kuss an. Da erschallt die Serienmelodie, und ein Trailer zeigt die großen und kleinen Katastrophen der nächsten Folgen. Genauso funktioniert unser Gehirn. Es ist stets auf der Hut und malt sich in den buntesten Farben aus, was alles passieren könnte. Gelernt hat es das bereits in der

Reiz

Steinzeit, als hinter jeder Ecke körperliche Gefahren lauerten wie wilde Tiere, Hunger, Durst oder Unwetter.

Dein Körper ist also oft in Habachtstellung, auch wenn du nicht mehr in einer Höhle schläfst, sondern in einem weichen Bett, und wenn du dein Essen nicht mehr jagst, sondern im Supermarkt kaufst. Deine Feinde heißen heute: Stress, Reizüberflutung, Konflikte, Lärm oder Einsamkeit. Und du gehst in seelische und körperliche Resonanz mit Mediennachrichten über Klimawandel, Gewalt und Ungerechtigkeit.

Konflikte
Einsamkeit
Lärm
Stress
überflutung

Meinem Körper zuhören

In Filmen und Büchern lieben wir das Auf und
Ab, den Emotionsreichtum – in unserem eige-
nen Leben möchten wir lieber nur gute Gefühle spüren. Ohnmacht, Scham, Angst oder Wut
wollen wir möglichst schnell wieder loswerden.
Wir versuchen, uns mit Dingen zu zerstreuen, die
uns kurzfristig ein besseres Gefühl geben. Essen,
Rauchen, Kino, Internet, Shopping. Das Resul-
tat: Unser Körper und unser Geist schlagen nur
noch lauter Alarm. Irgendwann wird uns alles
zu viel, und unsere Nerven liegen blank. Gegen
schlechte Gefühle und Warnsignale anzukämp-
fen ist auf Dauer genauso aussichtslos, wie das
Wetter ändern zu wollen.

In diesem Buch lernst du, wie du mit dem wechselhaften Wetter in dir umgehen kannst, sodass es dich nicht mehr einschränkt. Ich duze dich, liebe Leserin, lieber Leser. Denn ich möchte mit diesem Buch eine Insel der Geborgenheit schaffen, auf der du dich traust, deiner Beklemmung mutig ins Gesicht zu schauen und zu erkennen, wie du mit ihr zusammenarbeiten kannst. Und das geht am besten über deinen Körper, weil er den direktesten Zugang zu deinen unbewussten Befürchtungen und auch Wünschen hat.

Innere Unruhe oder Angststörung?

Angst kommt von anghu (indogermanisch), das bedeutet »eng, bedrängend«. Und tatsächlich führen Sorgen, Angst, Panik und Phobien zu einem Tunnelblick und verkleinern deinen Aktionsradius. Und wenn du dich durch sie in deinem Alltag gar »eingesperrt« fühlst, kann es sich um eine Angststörung handeln, zu der auch Panikattacken gehören können. Oft ist der Übergang fließend. Wenn du dieses Buch gelesen hast, bist du in der Lage zu entscheiden, wann es angebracht ist, noch weitere Hilfe in Anspruch zu nehmen. Ebenfalls kann es sinnvoll sein, einen Arzt aufzusuchen und sich einmal richtig durchchecken zu lassen, um zu schauen, ob eine körperliche Dysbalance Ursache für deine innere Unruhe und Panik ist.

Deine Lebensfreude ist
bereits in dir angelegt – wie
in einer Tulpenzwiebel. Im
Frühling kämpft sich der Trieb
durch das halb gefrorene
Erdreich an die Oberfläche
an die Sonne, um dann
in den schönsten Farben
zu leuchten.

Mit den richtigen Übungen Körper und Geist selbst beruhigen

Unsere Angst sitzt uns buchstäblich in den Kno-
chen. Wir bekommen weiche Knie oder haben einen Kloß im Hals stecken. Unser Körper schlägt

Alarm und kennt gleichzeitig auch den Weg aus der Angst. In diesem Buch erfährst du, wie du deinen Kampf gegen deine Angst einstellst:

- Du kannst dich, wenn dich Unsicherheit, Sorge oder Angst ergreifen, selbst wieder beruhigen.
- Du verstehst das Gespräch zwischen deinem Körper und deiner Psyche.
- Dadurch bist du in der Lage, klare Entscheidungen zu treffen und für deine innere Ausgeglichenheit zu sorgen.
- So gewinnen deine Beziehungen mehr Tiefe und dein Leben mehr Sinn.

Nur zu, die Übungen in diesem Buch kann jeder machen und in jedem Alter. Denn das Beste: Wir alle können hinderliche Verhaltensmuster ablegen und uns neu ausrichten. Unser Gehirn ist lernfähig, ein Leben lang!

Der Körper ist der Übersetzer

der Seele … ins Sichtbare.

Christian Morgenstern

2 Meinen inneren Alarm beruhigen: Mit dem Vagusnerv im Fluss

Bei Angst rücken Körper und Seele näher zusammen

Dem einen bricht der Schweiß aus, der andere bekommt plötzlich eiskalte Finger. Wir »spüren da was«, finden jedoch keine Worte dafür. Weil wir unsere Gefühle nicht einordnen können, bekommen wir Angst vor der Angst. Wir befürchten, die Kontrolle zu verlieren.

Dass Psyche und Körper eng zusammenarbeiten, hat die Gehirnforschung längst nachgewiesen. Stelle dir eine saftige Zitrone vor. Ziehst du unwillkürlich eine Grimasse? So mächtig sind deine Gedanken! Doch auch dein Körper beeinflusst ständig dein Wohlbefinden. So haben Experimente gezeigt, dass uns unser Gegenüber sympathischer erscheinen kann, wenn wir während der Unterhaltung eine warme Tasse Kaffee in Händen halten.

Selbsttest: Pendeln zwischen Ohnmacht und Kraft

Die Verquickung von Körper und Psyche ist eng. Das kannst du gleich selbst testen:

Setze dich auf einen Stuhl, die Füße beide auf dem Boden. Beuge dich vornüber und lege deinen Oberkörper auf deinen Oberschenkeln ab. Lasse deinen Kopf baumeln, ebenso deine Arme. Nun rede dir optimistisch zu. Zum Beispiel: »Ich bin stark. Ich kann was! Wow, das Leben ist schön! Ich freue mich auf die Zukunft!« Spüre nach: Wie fühlt sich das an?

Richte dich nun wieder auf, und schüttle deinen Oberkörper aus.

Nun setze dich gerade hin, die Füße auf dem Boden. Lockere deine Schultern, und lege dann beide Hände auf deinen Oberschenkeln ab. Dein Blick ist geradeaus gerichtet – deine Nase zeigt sogar ein wenig nach oben. Nun rede dir pessimistisch zu: »Ich bin schwach. Ich kann nichts. Ich bin uninteressant. Mir fällt nichts ein!«

Spüre nach: Wie fühlt sich das an? Nun stehe auf, und schüttle Arme und Beine aus.

Merkst du, wie schwer es dir fällt, optimistisch zu sein, während dein Kopf zwischen deinen Knien hängt? Und vermutlich hast du Mühe, dich völlig schlecht zu fühlen, während du aufrecht sitzt. Deine Körperhaltung hat einen Einfluss auf deine Stimmung. Natürlich löst eine aufrechte, entspannte Haltung nicht gleich alle deine Probleme – doch sie kann deine Perspektive verändern und dich gelassener machen.

AUFRECHTE, ENTSPANNTE
KÖRPERHALTUNG

Körperliches Überlebensprogramm

Dein Herz pocht, du atmest schnell, deine Muskeln spannen sich an. Auch wenn keine körperlichen Gefahren drohen, wird dein Körper aktiviert, um zu handeln: Du gehst in die **Flucht-oder-Kampf-Reaktion**! Zum Beispiel, wenn du Angst davor hast, vor anderen zu sprechen, und am liebsten weglaufen würdest. Dein Körper schaltet automatisch in den Überlebensmodus, wenn du in Stress oder Angst kommst. Dann wird dein Sympathikus, ein Teil deines Nervensystems, aktiviert.

Wenn du dich jedoch handlungsunfähig fühlst und weder kämpfen noch fliehen kannst, dann gehst du in den **Erstarrungsmodus.** Dein Körper verkrampft sich, dein Atem wird flach. Zum Beispiel, wenn du Gewalt ausgesetzt bist. In der Tierwelt stellt sich die Gazelle tot und hofft, dass der Löwe das Interesse verliert, damit sie in einem unbeobachteten Moment fliehen kann. Im

Totstellreflex ist außerdem das Schmerzempfinden geringer. Im Alltag frieren wir auch ein, wenn wir es tagaus, tagein mit einem ungerechten Chef zu tun haben und innerlich kündigen. Unser Körper kennt keine Distanz. Er reagiert unbewusst auf das, was wir erleben, und auch auf das, was wir hören und sehen. So auch auf Nachrichten über Gewalt und Elend in den Medien. Unsere Energien der Angst, Wut oder Traurigkeit, die lange Zeit nicht ausgelebt werden dürfen, suchen sich ihren Ausdruck in seelischen und körperlichen Beschwerden. Dazu gehören Kopf- und Rückenschmerzen, Bluthochdruck, Depressionen, Süchte – und nicht zuletzt auch Angststörungen.

Der Vagusnerv sorgt für Entspannung

Der Parasympathikus ist dein Retter in Stress-situationen! Er kann den Kampf-Flucht-Erstarrungsmodus wieder herunterfahren. Sein größter Nerv ist der Vagus. Dieser »vagabundiert« in einem breiten Hauptstrom mit vielen Nebenflüsschen vom Gehirn über die Brustregion bis in den Bauchraum. Er ist zuständig für deine körperliche Entspannung, sorgt sich um deine Verdauung, deine Atmung und deinen Herzschlag. Wenn du im Urlaub auf dem Liegestuhl döst, bewirkt er, dass du im Flow bist und gute Ideen hast. Im Alltag zurück betrittst du dann wieder dein persönliches Hamsterrad. Die Flüsse und Nebenflüsse deines Vagussystems stauen sich, und dein Stresspegel steigt. Höchste Zeit also, etwas von dem »Urlaubszustand« in den Alltag zu retten!

Wieder in Fluss kommen

Nimm dir im Alltag Zeit, deinen Vagusnerv zu aktivieren. Hier ist eine Möglichkeit:

Lockere deine Schultern im Stehen oder Sitzen, indem du sie bis zu den Ohren hochziehst und dann sanft fallen lässt.

Lockere deinen Kiefer, indem du deinen Unterkiefer sanft hin- und herschiebst.

Nun lege dich auf deinen Rücken. Rekle dich so richtig, schaukle ein bisschen mit dem Becken, strecke Füße und Arme aus. Nun verschränke deine Hände und lege sie in deinen Nacken. Wenn dich das schmerzt, kannst du deine Arme auch neben deinem Körper liegen lassen. Überstrecke deinen Nacken nicht, sondern ziehe dein Kinn leicht zum Brustkorb.

Nun bleib still liegen. Bewege nur deine Augen (nicht den ganzen Kopf) im Schneckentempo von rechts nach links und zurück – jeweils so weit es geht. Wenn dir schwindelig wird, werde noch langsamer. Wiederhole diese Übung 10-mal oder solange es dir guttut. Löse deine Hände, und lege sie neben den Körper.

Bleib liegen und summe, brumme oder singe eine Melodie. Die Vibrationen deines Kehlkopfes aktivieren deinen Vagus. Deshalb ist gerade auch das Singen so heilsam! Spüre nach, und strecke und rekle dich.

Der Vagusnerv ist aktiv, wenn wir uns ausruhen, aber auch, wenn wir uns bewegen und im Flow sind, wenn wir etwas gern machen. Finde deine persönliche Balance zwischen Aktivität und Ruhe.

summmmmmmmmmmmmmmmm

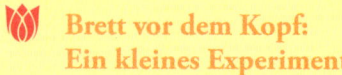

Brett vor dem Kopf: Ein kleines Experiment

Wenn du ganz mit deinen Ängsten verschmilzt, macht dich das oft handlungs- und kontaktunfähig. Wie es sich anfühlen kann, wenn du deine Ängste nicht mehr bekämpfst, sondern sie akzeptierst, zeigt die Brett-vor-dem-Kopf-Übung. Schreibe deine Ängste auf ein Din-A4-Blatt. Nun kannst du ausprobieren, wie sich verschiedene Strategien, mit deinen Ängsten umzugehen, anfühlen.

1. Verschmelze mit deinen Ängsten: Halte das beschriebene Blatt mit beiden Händen vor dein Gesicht, sodass deine Nase das Papier berührt. Das ist das berühmte »Brett vor dem Kopf«. Wie fühlst du dich? Was bekommst du mit von deiner Umwelt? Wie kannst du so Menschen begegnen, die dir am Herzen liegen?

2. Versuche, deine Ängste loszuwerden: Strecke deine Arme durch und halte das Blatt auf Brusthöhe von dir weg. Wie fühlst du dich? Kannst du jetzt besser mit anderen kommunizieren? Was ist, wenn du jemanden umarmen möchtest? Auf Dauer ist es anstrengend, das Blatt so zu halten, nicht?

3. Lege nun dein Blatt auf deinen Schoß. Wie ist das? Deine Ängste sind noch da, doch du hast die Hände frei, um einen Hund zu streicheln oder eine Freundin zu umarmen. Du hast freie Sicht auf deine Umgebung. Du kannst Kontakt mit anderen aufnehmen und gewinnst neue Eindrücke.

Diese Übung zeigt dir, wie anstrengend es ist, Angst zu bekämpfen – und dass du sie auf diese Weise auch nicht loswirst. Nimm deine Gefühle wahr. Lasse sie durch dich hindurchfließen, ohne dass sie dir den Boden unter deinen Füßen wegspülen – dann kommst du ins Gleichgewicht.

Sorgen verleihen
einem kleinen Ding
einen großen Schatten.

Schwedisches Sprichwort

Präsent mit allen Sinnen

Wenn du merkst, dass du dich in negativen Gedankenschleifen drehst, zum Beispiel, weil du eine brutale Filmszene gesehen hast, kannst du ins Hier und Jetzt zurückkommen, indem du deine Umgebung mit allen Sinnen wahrnimmst:
Atme ein paarmal ruhig ein und aus.

➤ Benenne 5 Dinge, die du siehst.
➤ Benenne 5 Dinge, die du hörst – sowohl im Außen als auch in deinem Inneren, auch dein Körper macht Geräusche.
➤ Benenne 5 Dinge, die du spürst, mit denen dein Körper in Kontakt ist – zum Beispiel deine Kleidung, deine Uhr, ein Stuhl, der Boden, ein Bonbon im Mund, ein Windhauch auf deiner Haut.

Halte inne und nimm diese Dinge alle gleichzeitig wahr. Wiederhole die Übung. So steigst du aus negativen Gedankenstrudeln aus und kannst auch wieder Leichteres in Geist und Seele einziehen lassen.

Mich mit meinem Atem verbinden

Im Alltag halten wir oft unseren Atem an. Weil wir konzentriert sind oder uns angegriffen fühlen. Dein Atem ist deine Verbindung zwischen deiner Innen- und Außenwelt, dein treuer Begleiter. So verbindest du dich mit ihm: Atme ein, beobachte, wie die Luft bis in deinen Bauch fließt und deine Bauchdecke sich hebt. Du kannst auch deine Hand auf den Bauch legen oder auf deinen Brustkorb. Zähle dabei langsam: 1, 2, 3, 4. Atme nun aus und zähle 5, 6, 7, 8, 9. Deine Bauchdecke senkt sich. Finde deinen Zahlenrhythmus – Hauptsache, du atmest länger aus als ein. So schaffst du Platz für viel neue Luft.

Dass die Vögel der Angst und
Sorge über deinem Kopf fliegen,
kannst du nicht ändern, aber du
kannst verhindern, dass sie in
deinem Haar ihre Nester bauen.

Chinesisches Sprichwort

3

Meine Gefühlsbilanz: Kopf und Bauch in Einklang bringen

Soll ich oder soll ich nicht?

Deine ehemalige Schulfreundin hatte vor Kurzem einen Herzinfarkt. Das geht dir nah … und plötzlich hast du beim Joggen Herzrasen. Oder du warst als Kind ein Pummelchen und bekommst noch heute im Badeanzug einen roten Kopf. Dein Gehirn verlässt sich, um dich zu schützen, auf Daumenregeln und bildet Vorurteile in Form von Bauchgefühlen. Diese zeigen sich im ganzen Körper, positiv etwa als wohliges Durchatmen, rosige Wangen, negativ als Schweißausbruch oder Nackenverspannung. Sie sind blitzschnell. Mach den Test – und lies die Betreffzeilen deiner E-Mails. Sofort hast du ein Minikörpergefühl zu jedem Absender.

Dein Kopf analysiert und plant, dein Bauch ist ein sensibler Lebenskünstler. Oft sind sie unterschiedlicher Meinung. Zum Beispiel, ob du von der verlockenden Schokolade naschen sollst oder nicht. Für eine gesunde Balance solltest du das Zusammenspiel nutzen. Dein Bauch signalisiert dir, was du gerade brauchst: Schutz, Ruhe, Geborgenheit oder Abenteuer und Begegnungen. Und dein Kopf ist stiller Beobachter. Er behält den Überblick und hilft dir, das, was dir wichtig ist, Schritt für Schritt zu planen.

❀ Meinen Körper sprechen lassen

Damit du deine Bauchgefühle ordnen und bestimmen kannst, ist es hilfreich, einen Ausdruck
für sie zu finden. Ich bitte dich, dir eine Situation
vorzustellen, in der dir bange war.

1. Schließe deine Augen und spüre, wo in deinem Körper du jetzt gerade dieses Gefühl
    spürst.
2. Versuche, diese Körpergefühle in einem Bild
    zu beschreiben: Welche Temperatur haben
    sie? Welche Farbe? Welche Form (z.B. eine
    Nadel, ein Stein, ein wildes Tier)? Du kannst
    sie auch aufmalen.

Nun mache dieselbe Übung mit einer Situation, in der du sehr glücklich warst. Was du hier beschreibst, ist die Sprache deines Körpers. Sie ist genauso wichtig wie deine Muttersprache. Sie warnt dich vor, wenn etwas nicht stimmt, oder zeigt dir, welche Schritte dir guttun.

Dein Körper ist deine
Grenze zwischen
außen und innen – und
gleichzeitig auch die Verbindung.

Mit der Gefühlsbilanz aus deinem Dilemma kommen

Du bist neugierig, wie die neue Chefin ist, aber du hast auch Sorge, dass sie viel verändern will. Du freust dich auf das Date mit diesem coolen Typen aus dem Sportverein, aber du hast auch Angst, dass er wieder mal nicht der Richtige ist. Die Gefühlsbilanz aus dem Zürcher Ressourcen Modell hilft dir, bei innerem Hin und Her klarer zu werden.

Zum Familienfest – ja oder nein?

Andrea liegt stundenlang wach im Bett. sie grübelt. Der runde Geburtstag ihrer Tante steht bevor, am liebsten würde sie absagen. Andrea steht auf und kocht sich einen Tee. Sie setzt sich an den Küchentisch und skizziert eine Gefühlsbilanz. Auch du kannst sie einsetzen, wenn du im Zwiespalt bist.

Schritt 1: Gefühle und Gedanken ordnen

Zeichne zwei Skalen, links für deine negativen, rechts für deine positiven Gefühle.

Mach auf jeder Skala ein Kreuz für die jeweilige Gefühlsstärke (möglichst spontan).

1 bedeutet schwache, 50 starke Gefühle (das Wasser wird heiß), 100 ist kaum auszuhalten (das Wasser kocht). Du kannst auch auf beiden Skalen sehr hohe oder niedrige Werte haben (die Summe muss nicht 100 ergeben).

Schreibe danach dazu, was hinter diesen Gefühlen stecken könnte. Bei Andrea sieht dies so aus:

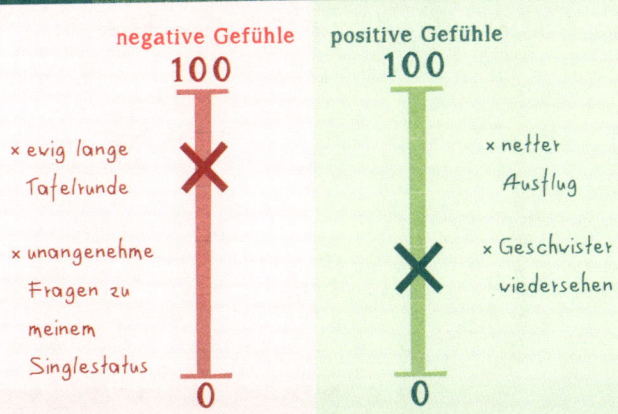

Schritt 2: Neue Ideen sammeln

Sammle in deinem Umfeld Ideen, mit welchen Maßnahmen du deine Gefühlsbilanz verbessern könntest (das negative Gefühl verringern und das positive Gefühl verstärken).

➻ Zeichne wieder zwei Skalen und schreibe die Ideen, die du umsetzen möchtest, in die Mitte.

➻ Erstelle eine neue Gefühlsbilanz, um zu sehen, wie du dich jetzt fühlst.

Oft führt dies zu einer veränderten Gefühlsbilanz, so auch bei Andrea:

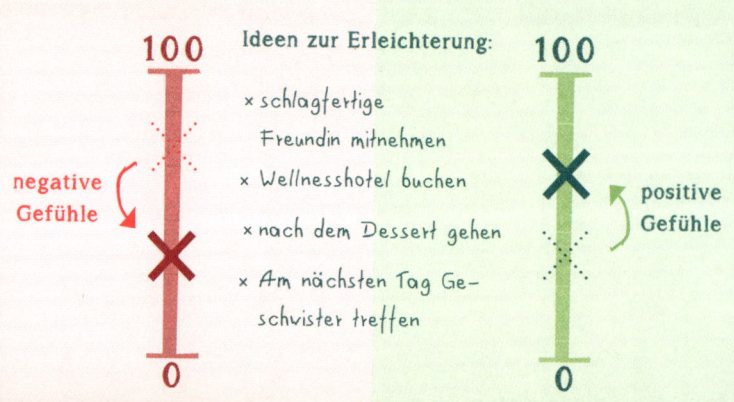

negative Gefühle

100

Ideen zur Erleichterung:

× schlagfertige Freundin mitnehmen

× Wellnesshotel buchen

× nach dem Dessert gehen

× Am nächsten Tag Geschwister treffen

100

positive Gefühle

0

Andrea hat Lösungen gefunden für das, was sie plagt, und ihre Vorfreude erhöht. Sie beschließt: Ja, ich fahre zum Familienfest, und ich mach's mir schön!

Ja, ich fahre zum Familienfest, und ich mach's mir schön!

Auf diese Weise kannst du das, was dich bedrückt, in Worte fassen und in einem weiteren Schritt dein Wohlbefinden verbessern. Also deine Gefühle regulieren. Oder du kannst dich, wenn du siehst, dass die positive oder negative Seite sehr stark ausgeprägt bleibt, bewusst für oder gegen etwas entscheiden.

Wir hören auf, nach Monstern
unter unserem Bett zu suchen,
wenn wir realisieren, dass sie
sich in uns verstecken.

frei nach Charles Darwin

4

Meine Schüchternheit überwinden: Anderen begegnen

Wenn du Fremden begegnest, klopft dein Herz? Wenn eine unklare Situation entsteht, bist du vielleicht peinlich berührt oder verunsichert? Was siegt dann, die Schüchternheit oder das Bedürfnis nach einem guten Miteinander, das wir Menschen auch immer haben?

Diese Frage stellte sich auch für Stefan: Er isst regelmäßig mit seinem Arbeitskollegen Paul in der Kantine. Eines Mittags sitzt Andrea, eine Kollegin,

neben Paul. Sie wollen etwas besprechen und bitten Stefan freundlich, ausnahmsweise woanders Platz zu nehmen. Stefans Gedankenkarussell dreht sich: Sicher hat diese Kollegin etwas gegen ihn und will mit Paul allein essen. Er ist so frustriert und verunsichert, dass er die Kantine ein paar Tage meidet.

KANTINE

Balance von Bindung und Freiheit

Hat der andere verstanden, was mir wichtig ist? Was denkt er oder sie bloß über mich? Ach, mir ist es völlig egal, was die anderen denken … Beziehungen sind immer ein Ausloten von Bindung (Geborgenheit und Zusammengehörigkeitsgefühl) und Autonomie (Freiheit und Selbstbewusstsein) der Beteiligten. Es ist eine Kunst, bei sich zu bleiben und sich gleichzeitig auf andere einzulassen. Sich aus Angst vor dem Miteinander zurückzuziehen, ist keine Lösung, sondern kann in Vereinsamung und Depression führen.

Kann ich meinen Gedanken vertrauen?

Anhand von Stefans Beispiel zeige ich dir, wie du deine Gefühle ernst nehmen kannst und gleichzeitig deine Gedanken infrage stellst.

1. Schritt: Durch meine Gefühle wandern

Stefan setzt sich zu Hause in einen Sessel, schließt die Augen und spürt in seinen Körper. Beim Gedanken an die Szene in der Kantine fühlt er, wie sich sein Magen verkrampft. Er atmet dorthin. Nun spürt er Wut, ein Pochen im Kopf.

Hinweis: Meist zeigt sich hinter einem Gefühl ein weiteres, das woanders im Körper sitzt. Aus Wut wird Traurigkeit oder umgekehrt. Atme in deine Gefühle hinein, auch wenn sie unangenehm sind, und schaue, wie sie sich wandeln. An einem gewissen Punkt kann es sein, dass du eine Erleichterung spürst.

2. Schritt: Meine Glaubenssätze hinterfragen

Oft sind wir so in unseren Gefühlen verstrickt, dass wir uns wie »im falschen Film« befinden. Stefan fühlt sich von Paul und Andrea zurückgestoßen. Die Themen, die wir mit anderen Personen haben, spiegeln vor allem unsere eigene Innenwelt wider. Stefan identifiziert seinen Glaubenssatz: **»Andrea hat etwas gegen mich und beansprucht Paul ganz für sich allein.«**
Nun prüft er seine Aussage mit folgenden Fragen:

↬ **Ist das wirklich 100 Prozent wahr?**
Stefans Antwort: Na ja, ich habe noch nie mit Andrea gesprochen. Ich weiß es nicht.

➤ Wie fühle ich mich, wenn ich diesen Gedanken denke? Stefan: Ich fühle mich verletzt und ziehe mich zurück. Ich meide sogar meinen Kollegen und die Kantine. Ich schäme mich ein bisschen, dass ich so dünnhäutig reagiere.

➤ Welche Aussage kommt zustande, wenn ich meinen Glaubenssatz ins Gegenteil drehe? Stefan probiert: »Andrea hat nichts gegen mich und beansprucht Paul nicht für sich. Oder: Ich habe etwas gegen Andrea und beanspruche Paul für mich allein. Stefan erschrickt. Da ist etwas dran: Er ist eifersüchtig!

➤ Wie würde ich sein ohne diesen Gedanken? Stefan: Ich wäre innerlich lockerer und könnte souverän wieder mit meinem Kollegen essen. Vielleicht auch mit Andrea zusammen.

Diese Fragen helfen Stefan, seine Befürchtung, ausgestoßen zu sein, zu reflektieren. So fühlt er sich weniger durch die anderen bedroht und kann gut für sich sorgen. Er kann sein inneres Drehbuch umschreiben. Wenn du dir diese Fragen stellst, lernst du dich noch besser kennen. Denn oft haben wir mit den Menschen, denen wir etwas vorwerfen, mehr gemeinsam, als uns lieb ist.

Selbstliebe: Ziemlich beste Freunde

Wie oft sagen wir uns: »Jetzt reiß dich zusammen!« Doch würdest du so mit einer guten Freundin sprechen? Vermutlich nicht, du würdest sie eher trösten, umarmen, ermutigen, unterstützen und ihr eine Freude machen. Also: Wann schließt du Freundschaft mit dir selbst?

Mein inneres Kind schützen: Mich mit mir selbst versöhnen

In meinem Buch »Versöhnt mit mir!« zeige ich, wie du dein inneres Kind beschützen kannst. Dein inneres Kind steht symbolisch für Glaubensmuster und Verhaltensweisen, die du als Kind erworben hast. Es beeinflusst deine Gedanken und Gefühle, steuert unbewusst dein Handeln.

Wenn deine Realität geprägt ist von beklemmenden, engen Gefühlen wie Angst, dann kann das ein Hinweis sein, dass du einen Blick in deine Kindheit werfen solltest. Das muss keineswegs systematisch geschehen, sondern immer dann, wenn du sehr emotional auf eine Situation reagierst, die im Nachhinein betrachtet gar nicht so dramatisch ist. Forsche nach, wann du dich schon einmal so gefühlt hast, und sage deinem inneren Kind dann: »Ich bin nun erwachsen und kann dich beschützen!«

 Gefühle und Körper neu programmieren

Angst kann durch einen simplen Gedanken, ein Gefühl oder einen Sinneseindruck aktiviert werden. Das passiert ganz automatisch. Zum Beispiel, wenn du in einer dunklen Straße Herzklopfen bekommst und dich abends nicht mehr aus dem Haus traust. Als ob das nicht reicht, machst du dir auch noch Selbstvorwürfe. Klopfen kann dir helfen, aus negativen Gedankenschleifen auszusteigen, indem du deine Aufmerksamkeit auf deinen Körper lenkst und dich neu ausrichtest.

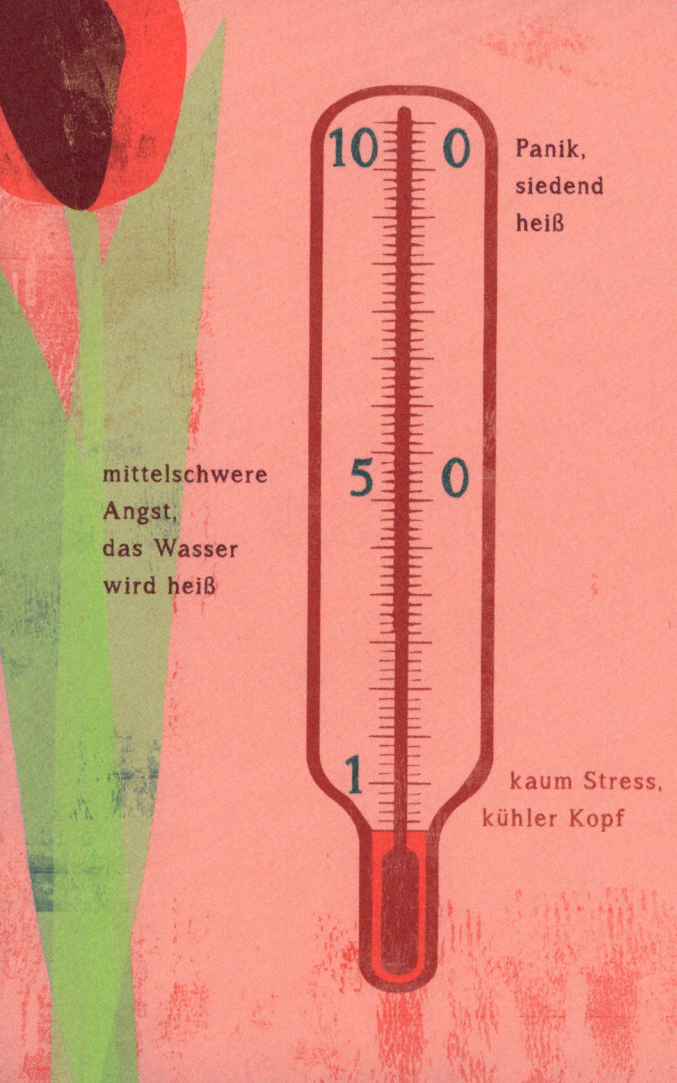

10 0 Panik, siedend heiß

mittelschwere Angst, das Wasser wird heiß

5 0

kaum Stress, kühler Kopf

1

- Richte deine Aufmerksamkeit auf einen Gedanken oder eine Situation, die dich belastet.
- Schätze die Intensität deines Gefühls auf einer Angstskala von 1 bis 100.
- Massiere deine Herzgegend, deinen Selbstliebe-Punkt, mit zwei bis drei Fingern und sage dreimal laut: »**Auch wenn ich …** (z.B. Angst im Dunkeln habe, eifersüchtig bin, nicht schlafen kann), **liebe und akzeptiere ich mich so, wie ich bin.**«

➤ Klopfe diese Punkte jeweils mit 2 bis 3 Fingern ab, jede Position etwa 3-mal. **Sprich dabei laut dein Angstgefühl** aus (z.B. Angst im Dunkeln, Eifersucht, schlaflos) und atme danach aus:

● rechte Augenbraue innen

● rechte Augenbraue außen

● knöcherner Rand unter dem Auge

● zwischen Nase und Oberlippe

● unter der Lippe

● mit der ganzen Hand auf dem Brustkorb

● mit der ganzen Hand unter der linken Achselhöhle

➤ Schätze nun wieder dein Gefühl auf einer Angstskala von 1 bis 100 ein. Wiederhole die Übung bei Bedarf.

Wenn man einen Elefanten
am Hinterbein festhält und er
wegzulaufen versucht, ist es am
besten, ihn loszulassen.

Abraham Lincoln

5

Mich bei innerem Gewitter schützen: Mein großer Notfallschirm

Dein Körper erstarrt, du japst nach Luft, während in dir die Angst grollt … Ein Panikanfall ist wie ein heftiges Gewitter. Wir fühlen uns bedroht an Leib und Leben. Tatsächlich steht unser Körper auf Alarm! Da hilft auch gutes Zureden nicht.

Panik kann in einer plötzlichen, als bedrohlich empfundenen Situation auftreten. Oder auch im Nachhinein, nach einer seelischen und körperli-

chen Belastung. Auch wenn Ruhe eingekehrt ist oder mitten in der Nacht. Hier findest du eine Sammlung von Soforthilfemaßnahmen. So hast du bei deinem nächsten Gewitter einen schützenden Schirm dabei.

So beruhigst du dich

Ist es dir schon einmal passiert, dass du bei Auf-
regung, Angst und Panik nach Luft japst? Wenn
wir hyperventilieren, atmen wir zu viel Kohlen-
dioxid ab. Dadurch verschiebt sich in unserem
Blut das Säure-Basen-Gleichgewicht. Der Körper
verkrampft sich, und die Panik verstärkt sich. So
kannst du aus dieser Abwärtsspirale aussteigen:

🌷 Meinen Strohhalm ergreifen

Manche Menschen nehmen eine Plastiktüte zur Hand, in die sie kräftig hineinpusten und aus der sie dann ihre eigene Atemluft wieder einatmen. Ein Strohhalm ist ebenso wirksam. Mache in einer ruhigen Minute folgendes Experiment:

➼ Stelle dir einen Timer auf 1 Minute. Atme ruhig aus und ein, und zähle deine Atemzüge. Notiere diese Zahl.
➼ Nun nimm dir wieder 1 Minute Zeit. Atme normal ein und jeweils durch den Strohhalm möglichst langsam aus. Wie viele Atemzüge zählst du diesmal in einer Minute?

Indem du in den Strohhalm pustest, wird dein Atemrhythmus langsamer. Dein Körper nimmt dies als Entwarnung wahr und beruhigt sich. Du kannst für alle Fälle einen Strohhalm in der Tasche haben.

Meinen Anker auswerfen

Eine Panikattacke ist wie ein Sturm auf hoher See. Stelle dir vor, deine Füße sind dein Anker. Sie sind deine Verbindung zu festem Grund. Atme in Gedanken in deine Füße. Spüre die Verbundenheit mit dem Boden. Atme diese Verbundenheit ein, und lasse sie sich im Körper ausbreiten. Praktiziere diese Übung, bis du dich langsam beruhigst.

Tröstende Hände

Konzentriere dich auf die Energie, die zwischen deinen Händen hin und her fließt. Vielleicht spürst du ein Vibrieren oder Wärme. Atme ruhig weiter, und schließe die Augen, wenn du magst.

eine Hand auf deine Stirn und die andere auf deinen Brustkorb

eine Hand auf deinen Brustkorb und eine Hand auf deinen Magen

So gewinnst du Energie

Manche Menschen befinden sich so im inneren Fluchtmodus, dass eine Entspannung für sie bedrohlich wirkt. Sie möchten Kraft haben, sich im übertragenen Sinne zu wehren oder wegzulaufen. Wenn du dazugehörst, dann probiere die folgenden Übungen aus, die dir erlauben, Panik auszuagieren und Energie zu gewinnen.

 Meine Schutzgrenzen spüren

Klopfe deinen Körper ab. Umarme dich selbst, indem du mit der linken Hand an deine rechte Schulter und mit der rechten Hand an deine linke Schulter fasst und dich dann abklopfst. Wenn du magst, kannst du auch den ganzen Körper abklopfen, von den Schultern bis zu den Füßen. Klopfe nicht zu sanft, aber auch nicht zu stark.

 Mein Wwwuuuu-Ritual

Setze dich auf einen Stuhl und spüre, wie deine Sitzfläche dir Halt gibt und dich trägt. Schließe die Augen und spüre eine Stelle in deinem Körper auf, die sich gerade schwach und aufgeregt anfühlt. Schicke ihr einen langen Ton: »Wwwwwwwwwu-uuuuuu!« Die Schneidezähne liegen dabei ganz leicht auf der Unterlippe, und du bleibst eine Weile auf dem W und dann auf dem U, dabei presst du die Luft raus. Spüre die Vibrationen dieses Tones. Atme danach lang aus. Pendle nun zwischen dem Wahrnehmen deiner sicheren Sitzfläche und der schwachen Stelle in deinem Körper – der du gleichzeitig ein »Wwwuuu« schickst. Die Übung beendest du mit einem tiefen Atemzug. Wie fühlt sich deine schwache Stelle an, wie dein Körper?

wwwwwwwwuuuuuuuu

Meine Verrückt-werde-Gymnastik

Bei einer Panikattacke befürchten wir, überzuschnappen. Genau dem wirkt diese paradoxe Übung entgegen. Stelle dich vor einen Spiegel und lass deine Augen ganz langsam von links nach rechts wandern. Jetzt lasse deine Zunge gegenläufig wandern. Wenn deine Augen nach rechts schauen, dann geht deine Zunge nach links und umgekehrt. Das erfordert Konzentration und lenkt dich von deiner Panik ab. Vielleicht musst du sogar lachen.

Mein Schiff ist im
Hafen sicher, aber dafür
wurde es nicht gebaut.

John G. Shedd

Warnsignale frühzeitig erkennen

Wenn du dich nach einer Panik wieder beruhigt hast, versuche einmal wahrzunehmen, ob es vor der Panikattacke ein Alarmsignal gab. Vielleicht stellst du fest, dass deine Panik immer wieder nach einem ähnlichen Muster abläuft.

Maja hat einen Horror, vor Publikum zu sprechen. Bei ihrem letzten Vortrag brachte sie plötzlich kein Wort mehr heraus. Dafür schämt sie sich. Denn sie ist eine erfolgreiche Profisportlerin und erhält immer wieder Anfragen, von ihrem Werdegang zu erzählen. Es liegt ihr am Herzen, anderen Menschen Mut zu machen, ihre Träume zu verwirklichen. Doch sie ertappt sich immer wieder bei dem Gedanken »Die anderen interessieren sich nicht für mich«. Maja erkennt, dass der Gedanke ein Überbleibsel aus ihrer Vergangenheit ist. Als mittleres Kind von drei Schwestern bekam sie wenig Aufmerksamkeit.

❁ Nur noch Hintergrundmusik ...

Die meisten von uns haben ständig Glaubenssätze der Kategorie »Ich bin nicht gut genug« im Hinterkopf. Damit sie dich nicht behindern, kannst du dir sagen: »Ah, da seid ihr wieder, meine ... Gedanken.« Dann drehst du innerlich die Lautstärke deiner schnatternden Gedanken herunter und schiebst sie in den Hintergrund, wie Musik im Supermarkt. Sie sind noch da, stören dich aber nicht mehr so.

🌷 Hilfe gegen Automatismen wie »Kloß im Hals«

Wenn Maja ihre Beklemmung im Vortrag spürt, tritt ihr Körper als vermeintlicher »Retter« auf, indem er »einen Kloß im Hals« schickt. Er will sie aus dieser Situation »herausholen«. Ihre Stimme versagt.

Jetzt, da Maja ihren Automatismus durchschaut hat, kann sie sich einen Wenn-dann-Plan für ihren nächsten Vortrag machen. Die Wissenschaft zeigt, dass unser Gehirn durch diese Art der Formulierung gerade bei Stress schneller und genauer weiß, was zu tun ist. Maja: »**Wenn** ich einen Kloß im Hals spüre, **dann** nehme ich einen Schluck Wasser.«

Wenn ...

So formulierst du einen Wenn-dann-Plan:

➤ Welchen Automatismus möchtest du verändern?

➤ Was ist der Auslöser **X** deines Automatismus (welcher Gedanke, Gefühl, welches Körpersignal?)

➤ Was ist deine **nicht hilfreiche** Reaktion?

➤ Welche Reaktion **Y** hilft dir, dieses Muster zu unterbrechen?

➤ Formuliere einen Wenn-dann-Satz:
   Wenn ich **X** bemerke, **dann** tue ich **Y**.

Wichtig: im Präsens formulieren und das DANN nicht vergessen. Du brauchst ihn nicht zu memorieren, einmal aufschreiben genügt, um ihn zu festigen.

Maja traut sich inzwischen, auf großen Bühnen über ihre Erfolge und auch Ängste zu erzählen – und das Publikum hängt an ihren Lippen. Das bedeutet nicht, dass du dich immer überwinden sollst, wenn deine Angst dich vor etwas warnt. Manchmal kann auch ein »Nein« zu einer Situation die Lösung sein. Doch immer dann, wenn deine Ängste dich daran hindern, in Situationen zu gehen, die dir wichtig sind – dich zu zeigen, auszuprobieren und zu wachsen –, lohnt es sich dranzubleiben.

dann tue ich!

Innere Spannung abbauen durch Zittern

Wenn du mitten in einer Panikattacke steckst, kannst du ihr nicht mehr entfliehen oder gegen sie ankämpfen. Die meisten verharren dann in dem Schockzustand. Deshalb ist unser Körper danach noch voller Stressenergie. Unsere Knie schlottern, oder wir zittern. Dies ist eine ganz natürliche Körperreaktion nach hoher Stressbelastung oder Panik, die auch im Tierreich vorkommt. Wir kennen das aus dem Alltag: mit den Zähnen klappern, nach dem Sport zittern die Muskeln, wir zucken beim Einschlafen oder beim Orgasmus. Mit folgender Übung kannst du das Zittern nutzen, um Spannung abzubauen:

➤ Sorge für einen rutschfesten Stand. Lehne dich an die Wand, und lasse deine Arme ganz locker baumeln.

➤ Entspanne dein Gesicht, indem du deinen Kiefer hin- und herbewegst.

➤ Stelle dich an die Wand, und lehne deinen Rücken an. Nun rutschst du die Wand mit dem Oberkörper ganz langsam nach unten, bis es aussieht, als würdest du auf einem Stuhl sitzen. Die Beine sind dabei hüftbreit geöffnet, und du siehst deine Fußspitzen.

➡ Nun tritt ein leichtes Zittern auf, ein Vibrieren der Oberschenkel oder auch des Oberkörpers. Genau das ist es, wozu die Übung führen soll. Ist dir das Zittern zu heftig oder zu schwach, oder hast du Schmerzen, so experimentiere mit deiner Position an der Wand. Gehe etwas nach oben oder etwas nach unten. Und wenn es dir ganz unangenehm ist, dann stoße dich langsam wieder in den Stand nach oben. Bleibe in der Übung 3 bis 4 Minuten, so, wie es angenehm ist.

➡ Komme langsam nach oben. Setze dich auf einen Stuhl oder ein Sofa, schüttle deine Beine und Arme aus.

Genieße die Lockerung und lasse das Erlebte in deinem Körper nachklingen.

Manche Pflanzen gedeihen
am besten im Schatten, andere
brauchen viel Sonne. Bist du
eine Seerose, verdurstest du in
der Wüste. Und als Kaktus faulst
du in moorigem Boden. Wenn
du am falschen Ort stehst,
hilft kein Düngen. Such dir
besser einen neuen Platz!

6

Meine Blockaden lösen und aufblühen: Aus der Enge in meine Freiheit wachsen

Um deine Ängste dauerhaft zu lindern, solltest du deine Sorgen und Wünsche unter die Lupe nehmen. Das Schmerzhafte also ebenso wie deine Träume. Gehe auf die Suche nach deinen Lebensthemen. Nimm dir dafür ein Blatt Papier und schreibe einige Sätze zu einem der folgenden Themen: »Meine größte Angst« oder »Meine größte Sehnsucht«. Du wirst feststellen: Das, was dir am meisten Angst macht, ist manchmal gleichzeitig deine größte Sehnsucht. Zum Beispiel, dich zu verlieben, vor Menschen zu sprechen, ein Buch zu schreiben oder ein fernes Land zu bereisen.

Meine
Meine
größte
große
Sehnsucht
Angst

Sehen, was wirklich ist: Augenbewegungen

Nimm deine Angst wahr, und du wirst dich von ihr befreien können! – Ist dir schon mal aufgefallen, dass die meisten Menschen, wenn sie etwas erzählen, das sie berührt, ihren Blick zunächst umherschweifen lassen und dann einen Punkt irgendwo im Raum fixieren? Das geschieht unbewusst, und es stabilisiert. Wir können Augenbewegungen auch dafür nutzen, um emotionale Blockaden zu lösen:

- Suche dir einen Raum, in dem du dich ungestört fühlst.
- Nimm dir Zeit, dich ausgiebig umzuschauen.
- Finde einen Punkt oder einen Gegenstand im Raum, der **deine sichere Insel** ist (es kann auch ein Baum vor dem Fenster sein, etwas in der Ferne). Wenn du dort hinschaust, wird dein Atem ruhig, und du hast ein gutes Gefühl. Drehe einen Stuhl so, dass du deine sichere Insel vor dir in deinem Blickfeld hast, und setze dich.

➤ Nun denke an ein Thema, das dich belastet. Zum Beispiel Angst vor einem Mitarbeitergespräch.

➤ Benenne die Stärke deines Gefühls auf einer Skala von 1 bis 100. 1 bedeutet: die Emotionen sind schwach, 100 bedeutet, die Emotionen kochen, sind also sehr stark, kaum auszuhal-

ten. Bitte wähle *kein* Traumathema, dieses bearbeitest du besser mit einer Fachperson. Fang besser mit einer mittelschweren Herausforderung an, mit einer Angststärke bis 60.

➼ Wo in deinem Körper spürst du diese Angst?

➼ Denke an das belastende Thema. Nun führst du zwei Finger (Zeige- und Mittelfinger) im **Schneckentempo!** vor deinem Gesicht hin und her. Experimentiere mit der Höhe – mal auf Stirnhöhe, mal auf Kinnhöhe. Dein Kopf bleibt dabei möglichst nach vorn gerichtet. Folge deinen Fingern nur mit deinen Augen. Wenn dir schwindlig wird, werde noch langsamer.

➤ Achte auf deine Körpergefühle. An welcher Position spürst du deine Angst am stärksten? Das ist **dein Angstpunkt**. Deine Finger bleiben dort stehen.

➤ Lasse deine Augen auf dem Angstpunkt ruhen. Zu Beginn etwa 5 Sekunden. Atme bewusst weiter. Es kann sein, dass das Gefühl stärker wird. Bleib dabei. Lasse das unangenehme Gefühl zu. Wenn du möchtest, gib einen Ton von dir wie Brummen oder Summen. Beobachte dein Gefühl.

➤ Nun lässt du deine Augen pendeln. Mal zu deiner sicheren Insel – atme dort einmal tief aus –, mal zu deinen Fingern, dem Angstpunkt. Lasse deine Augen dort Schritt für Schritt immer etwas länger ruhen. Halte das Unwohlsein eine Weile aus. Bei Panik solltest du abbrechen. In diesem Fall kannst du mit deinen Augen sofort zu deiner sicheren Insel zurückkehren.

➤ Pendle mit deinen Augen, solange du magst. Beende die Übung behutsam. Führe deine zwei Finger ganz langsam weg von deinem Gesicht, schaue ihnen nach, bis dein Arm ganz ausgestreckt ist, und lasse ihn dann in den Schoß sinken.

➤ Schließe deine Augen für einen Moment, und spüre nach.

➤ Wo auf der Skala von 1 bis 100 liegt dein Gefühl jetzt? Spürst du eine Erleichterung?

Diese Übung zeigt dir, dass es sich lohnt, an schlechten Gefühlen dranzubleiben und sich nicht gleich davon abzuwenden. Indem du sie freisetzt, können sie auch gehen.

Lasse in deinem Alltag öfter mal deine Augen schweifen – blicke länger in die Ferne. Suche dir, gerade auch in Angstsituationen, sichere Inseln im Raum, die dir wohltun. Das verändert deine Perspektive.

❀ Meine Lebensblume:
Welcher Mensch will ich sein?

Nimm dir ein Blatt, und notiere dir zu den Themen der Lebensblume die Dinge, die dir besonders wichtig sind. Das sind deine Werte. Bei Beziehungen zum Beispiel: Meine Bedürfnisse äußern und dem anderen gut zuhören oder eine gute Mutter/ein guter Vater sein. Im Beruf: etwas leisten, Freude bei der Arbeit haben.

Setze auf der Lebensblume ein Kreuz, wo du bei der Umsetzung deiner einzelnen Werte auf einer Skala von 1 bis 5 momentan stehst. 5 bedeutet: Diesen Wert habe ich schon in mein Leben integriert, hier blühe ich auf. 1 bedeutet: Diesen Wert lebe ich bisher kaum, er ist ein kleiner Setzling, den ich noch gießen und düngen muss.

Du kannst nicht in jeder Lebensphase deine Werte ausleben. Du kannst jedoch Prioritäten setzen. Beginne mit den Dingen, die dir in diesem Augenblick am wichtigsten erscheinen. Dabei kann dich eine Frage leiten: Welcher Mensch möchte ich sein? Diese hilft dir auch bei wichtigen Entscheidungen.

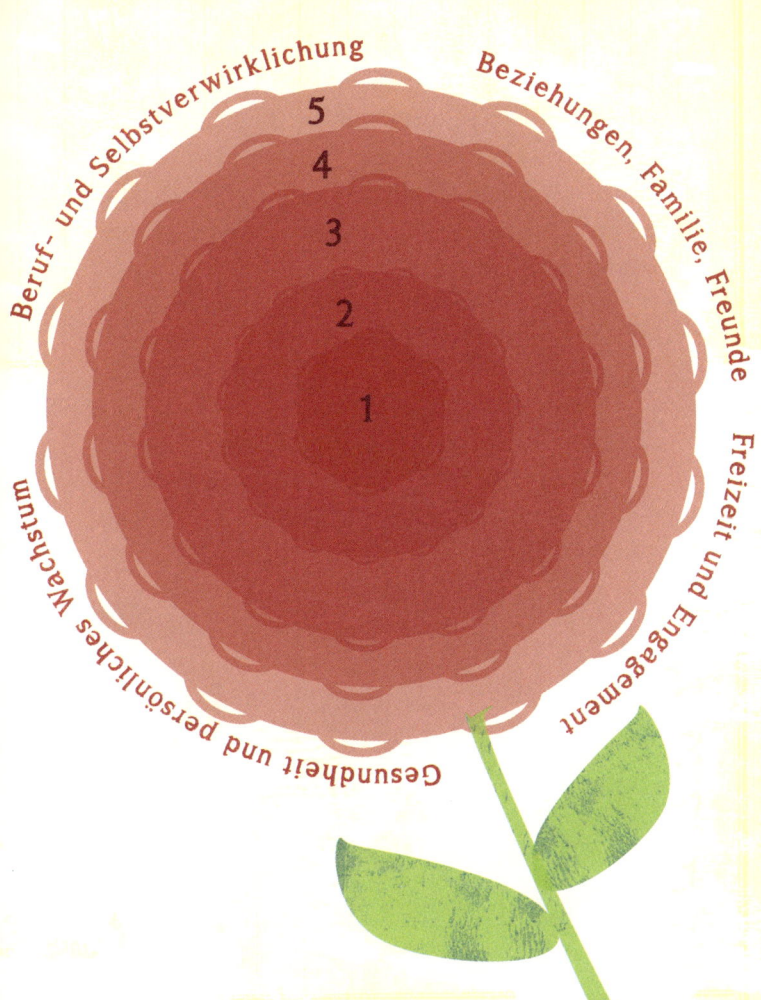

Beruf- und Selbstverwirklichung

Beziehungen, Familie, Freunde

Freizeit und Engagement

Gesundheit und persönliches Wachstum

5
4
3
2
1

 **Meine inneren Wunschbilder nutzen**

Um dein Bauchgefühl mit ins Boot zu holen, brauchst du starke Bilder. Denn nur ein starkes inneres *Warum* hilft dir, um von der bloßen Absicht, etwas zu verändern, auch tatsächlich ins Handeln zu kommen.

→ Welches Tier, welche Pflanze, welche Landschaft, welche Roman- oder Filmfigur hat die Eigenschaften, die ich brauche?

→ Notiere deine Assoziationen und inneren Bilder. Du kannst auch Menschen aus deinem Umfeld bitten, Assoziationen beizusteuern. Wichtig ist, dass sie positiv sind, denn sie sollen dir Kraft geben.

Kleine Geste gegen große Angst

Eine Lehrerin, der Bange vor ihrer unruhigen Klasse ist, bewundert schon von klein auf Pippi Langstrumpf. Die ist mutig, kreativ, frech, gelassen und stark. Für schwierige Situationen denkt sich die Lehrerin eine Minibewegung aus, welche ihre Pippi-Langstrumpf-Haltung verkörpert. Sie macht mit ihrer Hand eine kleine Zugreifbewegung (Pippi greift nach dem Halfter ihres Pferdes). Diese Bewegung kann sie unauffällig vor der Klasse machen, um gelassen zu bleiben. Welche Minibewegung könnte dir in schwierigen Situationen Mut machen?

> Die längste Reise, die du
> jemals machst, ist die vom
> Kopf zu deinem Herzen.
>
> *Weisheit der Ureinwohner*
> *Nordamerikas*

Noch eine Bemerkung zum Schluss

Kennst du das Gefühl, dass die Jahre nur so vorbeifliegen? Das liegt daran, dass wir vieles automatisch machen und den Moment gar nicht richtig wahrnehmen. Wir grübeln über die Vergangenheit oder malen uns unsere Zukunft sorgenvoll aus. Das beste Mittel gegen Angst und schnelles Altern ist also, im Hier und Jetzt achtsam zu sein.

Du wirst in deinen Beziehungen, im Beruf, in finanziellen Dingen und gesundheitlich immer mal wieder Verunsicherungen erleben. Wenn du diese Verunsicherungen ablehnst, wirst du ängstlich und unbeweglich. Akzeptiere, dass sie dich ein Leben lang begleiten. Dein Gehirn hat viele Vorurteile, die deinen Blick trüben können. Deshalb ist es so wichtig, dein Körpergefühl miteinzubeziehen – es zeigt dir, wenn du im falschen Film bist, und hilft dir, dein Drehbuch umzuschreiben. Deine Angst bekommt ab jetzt nur eine Nebenrolle. Welche Abenteuer willst du erleben? Von Herzen alles Gute und: Film ab!

Danke!

Ja, ich hatte Angst beim Schreiben: Wie bringe ich dieses große menschliche Thema in ein kleines Büchlein? Erst als ich Kopf und Herz zusammenarbeiten ließ, kam meine Klarheit. Ich umarme meinen Mann Stefan Wehrle für seine geduldige Ermutigung, liebevolle Wärme und fachliche Unterstützung! Großen Dank meinen Klientinnen und Klienten für ihre Offenheit und ihr Vertrauen. Durch sie lerne ich täglich hinzu. Bei Maja Storch und in der Ausbildung zur ZRM®-Trainerin (Zürcher Ressourcen Modell) habe ich Wesentliches über Selbstregulation verstanden. Herzlichen Dank auch meiner Lektorin Susanne Haffner und Sylvia Gredig für ihre wertvollen Anregungen und ihre Inspiration! Die Illustrationen von Lena Ellermann machen dieses Buch wunderbar lebendig! Danke meiner Agentin Imke Rötger für ihre kluge, warmherzige Begleitung!

Der direkte Weg zur großen Veränderung

Natascha Battus
VERSÖHNT MIT MIR!
5 Minuten mit meinem
Inneren Kind
DEU
96 Seiten
mit Abbildungen
ISBN 978-3-404-61021-1

Jeder kennt das: Sie ärgern sich schwarz über Kleinigkeiten, reagieren verletzt auf harmlose Bemerkungen – und fragen sich hinterher, warum Sie so überreagiert haben? Dahinter steckt oft das „innere Kind". Nehmen Sie Ihr inneres Kind an die Hand, lernen Sie es besser kennen - mit seinen Sorgen, aber auch mit seiner Energie und Neugierde. Gehen Sie Ihren Gefühlen auf die Spur, unterstützen und beschützen Sie dieses Kind in Ihnen. So gestärkt, blüht es auf und beschenkt Sie mit Kreativität und Lebensfreude.
Mit vielen kleinen Übungen für jeden Tag.

Bastei Lübbe

Sich selbst jeden Tag etwas lieber haben – so einfach geht's

Katharina Grünewald
HERZZEIT!
5 Minuten für mehr
Selbstliebe
DEU
96 Seiten
mit Abbildungen
ISBN 978-3-404-61246-8

Nur, wenn es uns gut geht und wir gut zu uns selbst sind, können wir auch gut zu anderen sein. Die bekannte Psychologin Katharina Grünewald beschreibt in sieben Kapiteln, was wir brauchen, um Zufriedenheit und ein Wohlgefühl mit uns selbst zu erreichen. Das ist die Basis, die uns ermöglicht, unsere Liebe auf den Nächsten weiter ießen zu lassen. Zum einfachen Einstieg bietet das Buch in jedem Kapitel einfache Übungen für jeden Tag.

BASTEI LÜBBE TASCHENBUCH
Band 61693

Haftungsausschluss: Sorge gut für dich! Die Übungen und Ausführungen in diesem Buch sind keine Psychotherapie. Wenn du starke Angstsymptome hast oder unter einem Trauma leidest, solltest du unter Umständen professionelle Hilfe beiziehen. Wenn du dich dafür entscheidest, die Übungen allein durchzuführen, und wenn du feststellst, dass du emotional oder körperlich sehr stark reagierst, suche dir fachliche Unterstützung. Autorin und Verlag können für auftretende Schwierigkeiten keine Haftung übernehmen.

Originalausgabe

Vermittelt durch Imke Rötger, Agentur und Dienste für Autoren und Verlage

Copyright © 2020 by Bastei Lübbe AG, Köln
Textredaktion: Sylvia Gredig, Köln
Gesamtgestaltung und Illustrationen:
Lena Ellermann, Potsdam
Gesetzt aus der Adobe Garamond Pro
Druck und Bindung: Print Consult GmbH, München
Printed in Slovakia
ISBN 978-3-404-61693-0

5   4   3   2   1

Sie finden uns im Internet unter www.luebbe.de
Bitte beachten Sie auch: www.lesejury.de